AF227343

TREIZIÈME ANNIVERSAIRE

DE LA BATAILLE DE SEDAN

DISCOURS

PRONONCÉ LE 1er SEPTEMBRE 1883

DANS L'ÉGLISE SAINT-CHARLES DE SEDAN

par M. l'Abbé S. DUNAIME

Archiprêtre, Curé de Sedan

SEDAN

IMPRIMERIE DE JULES LAROCHE

22, GRANDE RUE, 22.

LE 1ᵉʳ SEPTEMBRE 1883

A SEDAN

—o◦o⚬o◦o—

Il est onze heures, les cloches de Saint-Charles remplissent l'air de leurs sons harmonieux et appellent à la prière tout ce qui, dans Sedan, a un cœur pour aimer, un cœur fidèle au souvenir : un service anniversaire est en effet célébré pour les soldats, tombés sur le champ de bataille dans la trop célèbre journée du 1ᵉʳ Septembre 1870.

Si le 1ᵉʳ Septembre est un jour de deuil pour tous les cœurs français, il est particulièrement un triste anniversaire pour la ville et le peuple de Sedan ; aussi l'église est tendue de noir, des drapeaux aux couleurs nationales garnissent les piliers du temple et l'autel ; au milieu de la nef principale s'élève un superbe catafalque dont l'aspect, à la fois majestueux et simple, rappelle la tristesse et le deuil de la France.

Longtemps avant l'heure assignée pour la cérémonie, une assistance nombreuse et recueillie a rempli l'église trop étroite pour contenir la foule des fidèles.

Bientôt arrive M. le Sous-Préfet, suivi de tous les membres de l'Administration.

Viennent ensuite les membres du Conseil municipal, ayant à leur tête M. Philippoteaux, Maire de Sedan et Député ; la Municipalité tout entière a tenu à honneur d'assister à cette cérémonie touchante, et de donner ainsi aux victimes de la bataille un sympathique souvenir et à la France un gage de son patriotisme.

Puis la foule s'écarte pour faire place au corps des généraux, officiers et soldats (les officiers étaient plus de quatre-vingts) ; c'est avec la plus vive émotion que l'assistance salue ces représentants de l'armée : ceux pour lesquels ils viennent prier ne sont-ils pas leurs frères, leurs compagnons d'armes morts au champ d'honneur ? Ne sont-ils pas les martyrs de la patrie ? Ne seront-ils pas au jour de la lutte leurs protecteurs et leurs modèles ?

La compagnie des sapeurs-pompiers prend place dans la nef, son drapeau est dans le sanctuaire, c'est la place d'honneur.

Dans le chœur, des prêtres nombreux occupent les stalles.

La messe est célébrée par M. l'abbé Peltier, doyen de Torcy-Sedan.

Pendant que se célèbrent les Saints-Mystères, la musique militaire exécute avec art le morceau dit : *Les Vêpres Siciliennes;* c'est un à-propos des plus touchants pour qui connaît les détails de la bataille de Sedan.

Après l'Evangile, M. l'abbé Dunaime, le vénérable archiprêtre de Sedan, monte les degrés de l'autel pour adresser à l'assistance une de ces allocutions qui touchent les cœurs et les transportent.

C'est pour la treizième fois que M. le Curé prend la parole dans cette pénible circonstance, mais son cœur de prêtre et de Français saura donner à sa voix de nouveaux accents.

Et en effet, la parole de M. l'Archiprêtre, brûlante du plus ardent patriotisme, soulève dans l'auditoire une émotion générale.

A plusieurs reprises, des applaudissements enthousiastes auraient répondu à sa voix si le respect dû au lieu saint n'avait commandé le silence. Mais, si dans l'église il n'est pas permis d'applaudir, il est permis de pleurer; des larmes sincères ont été versées au souvenir que M. le Curé a su rendre si attendrissant des soldats défunts.

Nous espérons que M. Dunaime laissera imprimer son discours : ceux qui l'ont entendu, non moins que les absents, le liront avec bonheur.

Après le discours, la cérémonie continue au milieu de l'émotion qu'entretiennent les chants de la maîtrise et des soldats.

A la fin, M. l'Archiprêtre récite la prière des morts.

Le silence profond, la piété de l'assistance disaient assez que, si le temps a apaisé les douleurs, le deuil est encore dans les âmes.

Cependant, en voyant cette assemblée de soldats, de magistrats, de prêtres et de fidèles recueillis et agenouillés représentant la France entière en deuil, un sentiment d'espérance s'emparait des cœurs et l'on répétait avec l'orateur : Ayons confiance, confiance en Dieu et dans la Patrie !

J. L...

DISCOURS

PRONONCÉ LE 1ᵉʳ SEPTEMBRE 1883

DANS L'ÉGLISE SAINT-CHARLES DE SEDAN

PAR M. L'ABBÉ S. DUNAIME

Archiprêtre, Curé de Sedan.

—◦—

> *Si oblitus fuers tui.... oblivioni detur dextera mea.*
>
> Que ma droite soit oubliée, si je t'oublie jamais, *ô ma patrie !*
>
> (Ps. 136, v. 6).

MES FRÈRES,

Dans l'immense catastrophe dont c'est aujourd'hui le treizième anniversaire, il y a pour tout le monde un vaste sujet de réflexions ; pour nous, particulièrement, que de leçons à tirer d'une source si féconde et malheureusement si amère ! Leçons de tout genre : de stratégie, de politique, de patriotisme.

De stratégie ? je n'en saurais rien dire ; n'ayant pas l'honneur d'être du nombre des savants officiers qui m'écoutent, la compétence qui les distingue m'est absolument étrangère.

De politique ? Dieu me garde d'aborder ces questions brûlantes ; je n'en ai ni l'usage ni le goût : mon ministère est tout autre.

De patriotisme ? Ah ! oui, permettez-moi d'en reparler ; ce me sera toujours un thème favori : si ma faiblesse ne trahit pas ma volonté, aidé de la grâce et de votre indulgente attention, j'essaierai de le traiter à nouveau.

Au souvenir de nos infortunées victimes du 1er Septembre 1870, demandons-nous donc une fois encore comment et combien il faut aimer la patrie, lorsque la patrie s'appelle la France.

I

La patrie n'est pas seulement un être moral ; elle prend corps, si je puis dire, et se constitue matériellement dans le pays qui porte son nom. « Dieu, disait l'apôtre saint Paul aux Athéniens de l'Aréopage, a fait naître d'un seul homme toute la race des hommes, et il leur a donné pour demeure toute la surface de la terre, en leur assignant avec le temps de leur existence *les lieux et les limites de leur habitation* (1). » Or, à ce

---

(1) *Fecit que ex uno genus hominum inhabitare super universam faciem terræ, definiens statuta temporum, et terminos habitationis eorum* (Act. Apost. C. 17, v. 26).

point de vue, bien que secondaire, qui n'aimerait déjà la France ?

Qui n'aimerait la fertilité de son sol, la variété de ses productions, la beauté de ses sites, les charmes de son climat, la splendeur de ses horizons ?

Qui n'aimerait le fruit des sueurs précieuses et du sang plus précieux encore dont se sont enrichis ses sillons au cours des âges, lorsque, à force de labeurs, de victoires et de bienfaits, nos pères lui donnaient l'étendue et la forme dans lesquelles ils nous l'ont léguée ?

Et puis n'est-ce pas une place de choix que celle qu'elle occupe sur le globe habité ?

Au nord, vers les plages septentrionales, voyez ses villes importantes, ses ports spacieux et, bientôt peut-être en face de l'Angleterre pour lui donner la main, cette merveilleuse voie souterraine qu'une mer jalouse pourra couvrir, mais non pas inonder de ses flots.

A l'ouest, voyez la Bretagne qui, l'invitant à prendre son essor, « s'avance comme la proue d'un navire vers le Nouveau Monde, » et l'Océan qui, baignant avec amour ses rivages, s'offre à l'y transporter.

Au midi, c'est la Méditerranée qui la relie à l'Afrique, et puis, pour la rapprocher de l'extrême Orient, cette fameuse route liquide que le génie d'un de ses fils a créée à travers les sables du désert.

A l'est, enfin, c'est cette magnifique frontière qui, des

Flandres aux Alpes, la met en contact ou, du moins, en communication avec les autres régions du continent, et qu'aucune force humaine semblait ne pouvoir rompre.

Mais hélas ! quelle brèche et quel retranchement se sont opérés ! Où est le Rhin ? Où est Strasbourg ? Où est Metz ? O chère Alsace-Lorraine, qu'on n'essaie pas de te bannir de nos cœurs : on n'y réussira point. Non que nous rêvions follement une nouvelle guerre ; la guerre est le plus grand des fléaux, nul ne le sait mieux que nous; mais au moins sans troubler la paix, au contraire, ceux qui te possèdent actuellement ne finiront-ils pas par comprendre que, si les cendres de tes tombeaux pouvaient rompre le silence du sépulcre, si les statues qui décorent tes villes pouvaient s'animer et parler, si le vent qui gémit dans tes forêts pouvait donner un sens à son mystérieux murmure, si les échos de tes montagnes pouvaient se transformer en clameurs ; tes montagnes, tes forêts, tes statues, tes tombeaux prendraient des voix formidables pour crier tous ensemble : Rendez-nous à la France ! rendez-nous à la France !... O terre sacrée par la rédemption dont tu as été le prix principal, terre d'autant plus chère à Dieu et à nous, ce n'est pas trop pour te saluer que les plus tendres accents du poète latin :

Salve, cara Deo, salve, sanctissima tellus.

II

En aimant la France dans l'intégrité de son territoire, nous devons l'aimer aussi et surtout dans l'intégrité de son âme. Qu'est-ce que l'âme de la France ?

L'âme de la France est un foyer de vie générale qui rayonne sur elle d'un bout à l'autre de son domaine ; qui donne à tous ses enfants, si différents qu'ils soient personnellement, un même caractère, une même physionomie, un même langage, de mêmes habitudes ; qui en fait un peuple homogène et qui le distingue des autres peuples : grande âme resplendissante comme une vision dans le drapeau qu'on lui a donné pour symbole. Aussi, quand il se déploie, on le contemple ; quand il s'ébranle, on s'ébranle avec lui ; quand il marche au combat, on le suit avec ardeur ; quand il s'engage dans la mêlée, « on l'entoure, on le défend au péril de sa vie : les balles, les sabres, les épées s'en disputent les lambeaux, ce n'est plus qu'une guenille, mais une guenille abreuvée de gloire ; » qu'on me l'apporte, je la presserai sur mon cœur, je la baiserai de mes lèvres émues, j'embrasserai en elle ma patrie, comme dans la croix j'embrasse et j'adore mon Sauveur Jésus-Christ.

Mais qu'est-ce que le fond de l'âme de la France ? La question nous intéresse trop pour que nous y répondîons nous-mêmes ; aux étrangers la parole.

Voici l'Italie : Le fond de l'âme de la France, dit-elle, c'est cette bravoure impétueuse, ce bouillant courage dont elle a donné tant de preuves et que j'appelle, moi, la furie française, *Furia francese.*

C'est la générosité, dit l'Espagne. « Regardez partout, s'écriait un jour son grand orateur Donoso Cortès, cherchez le point de l'espace où s'accumulent les plus saintes infortunes ; si ce point n'est pas l'Angleterre, le peuple anglais demeurera tranquille dans son indolente majesté : mais ce point ne fût-il pas la France, fût-il au fond des régions polaires, un courant électrique s'établit instantanément entre ce point souffrant du globle et le peuple français qui se lève saisi de la douleur qu'on lui révèle et s'agitant pour lui porter remède (1). »

La Bavière dira, si elle n'est pas ingrate : C'est la magnanimité ; car, en 1873, au moment où nos troupes quittaient les Ardennes pour retourner en Allemagne, j'ai vu les Sedanais, oubliant ce qu'ils avaient souffert, prodiguer à mes soldats, tombés de chaleur et de fatigue, les témoignages les plus touchants d'une admirable charité.

Les peuplades païennes diraient à leur tour : C'est l'héroïsme de l'apostolat ; car en nos tristes contrées, pour nous apporter la lumière de la foi et les bienfaits de la civilisation, nous ne voyons guère venir que des

____

(1) Donoso Cortès, Œuvres complètes, tome Ier.

Missionnaires français ; rien ne les effraie, rien ne les décourage, le martyre même leur sourit.

Mais le grand philosophe savoisien, remontant des effets à la cause, aurait mieux dit encore : Le fond de l'âme de la France, c'est la religion ; car « le christianisme pénétra de bonne heure les Français avec une facilité *qui ne pouvait être que le résultat d'une affinité particulière* (1). » Aujourd'hui même, après quatorze cents ans, en dépit de tant de révolutions, c'est lui qui leur inspire encore, aussi bien qu'aux premiers jours, les élans chevaleresques et les sublimes dévouements dont, malgré tout, ils sont restés coutumiers.

Vive donc la Religion, c'est-à-dire vive la France, — au fond c'est le même cri ; — vive la France, et que grandisse de plus en plus notre amour pour elle !

III

Evidemment un amour de la France mêlé d'athéisme serait une contradiction.

Un amour purement platonique, une dérision.

Un amour de parole seulement, une illusion.

Un amour limité à l'époque contemporaine, une énorme insuffisance, puisque, sur quatorze siècles, treize seraient

(1) Joseph de Maistre, *Du Pape*, discours préliminaire.

négligés, y compris le « Grand Siècle » où le génie national a jeté le plus d'éclat.

Ce que la France demande de ses enfants, ce qu'elle mérite, c'est un amour vrai, un amour profond, un amour parfait qui aille jusqu'au sacrifice : sacrifice de notre temps, de notre indépendance, de nos biens, doux à faire pour une mère si digne et si bonne.

Sacrifice de nos opinions, rangées loyalement au service et à la défense de la patrie, quelles que soient les mains qui tiennent les rênes gouvernementales ou l'épée du commandement.

Sacrifice de notre vie même s'il le fallait, à l'exemple de ceux dont nous célébrons la mémoire. Où trouver de plus glorieux modèles ? Après la surprise de Beaumont, à peine ralliés sous nos murs, n'étaient-ils pas dans les plus fâcheuses conditions pour livrer bataille à un ennemi mieux armé, trois fois plus nombreux et, depuis Reischoffen, dix fois plus entrain de vaincre ? N'importe ! leur courage n'a pas faibli ; comme le vaillant Macchabée et sa petite troupe de héros, ils se dirent : « Loin de nous la pensée de fuir ; si notre heure est arrivée, mourons bravement pour nos frères et gardons notre honneur sans tache (1). »

Et vous savez s'ils tinrent parole, depuis les soldats

______

(1) *Absit istam rem facere, ut fugiamus… : et si appropriavit tempus nostrum, moriamur in virtute propter fratres nostros ; et non inferamus crimen gloriæ nostræ* (Lib. I, Mac., C. 9, v. 10).

de l'infanterie de marine, qui luttèrent comme des lions à travers Bazeilles en feu, jusqu'aux cavaliers qui, des hauteurs de Floing, sous les yeux du monarque prussien ravi d'admiration, volaient à la mort sans peur et y revolaient sans défaillance. Dans un récit pathétique tout récemment publié, un officier supérieur raconte qu'au pied de la colline, du haut de laquelle s'étaient précipités sur les batteries allemandes ces brillants émules des cuirassiers de Reischoffen, il aperçut, couché par terre, un de nos conscrits blessé à mort ; il l'entendait murmurer un *Ave Maria*, et il le voyait étendre les bras vers un point voilé d'abord de poussière et de fumée, mais bientôt remis en lumière : c'était l'autel champêtre de Floing, couronné de la statue de Notre-Dame des Consolations ; et il ajoute qu'en ce jour de douleur bien d'autres mourants auront imploré de même la Vierge consolatrice. Oh ! oui, je le crois volontiers, c'est ainsi que doivent mourir au champ d'honneur les soldats français. Livrons-nous donc à l'espérance ; ceux que nous pleurons sont passés à une vie meilleure : bientôt, sans doute, le jour viendra, s'il n'est déjà venu, où, régnant au ciel et se souvenant de leur patrie terrestre, ils recommenceront à la servir d'une prière fervente et puissante, en société de saint Louis, de Jeanne d'Arc et de tant d'autres Français déjà couronnés des récompenses éternelles.

O Frères ! ô généreux Frères ! merci, merci. Votre mémoire ne s'éteindra pas non plus parmi nous ; n'ayant pu rendre à vos dépouilles mortelles tous les honneurs religieux qui leur étaient si bien dus, nous avons à cœur de nous dédommager vis-à-vis de vos nobles âmes, rachetées par le sang de Jésus-Christ, et votre propre sang uni au sien ; à treize ans de distance nous voici encore, nous voici toujours offrant pour elles à Dieu, devant qui vous êtes, ce que nous avons de meilleur et de plus saint : l'auguste sacrifice de la Messe. Soyez donc mille fois bénis et puissions-nous, avant d'aller vous rejoindre, voir notre bien-aimée France replacée au rang d'honneur qu'elle tenait autrefois parmi les nations dont elle était la reine admirée.

AINSI SOIT-IL.

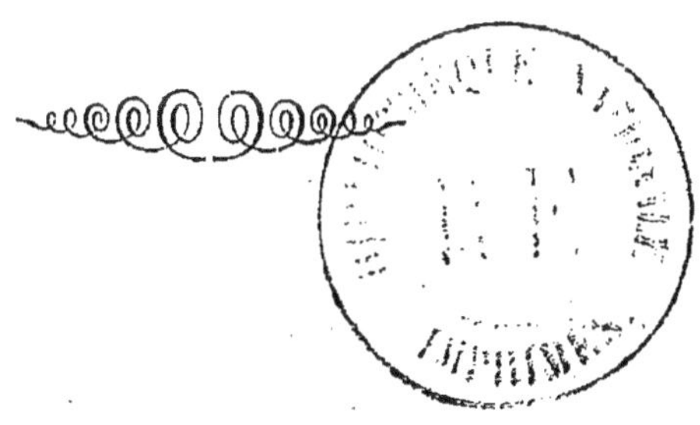

Sedan. — Imprimerie de Jules LAROCHE, Grande Rue, 22.